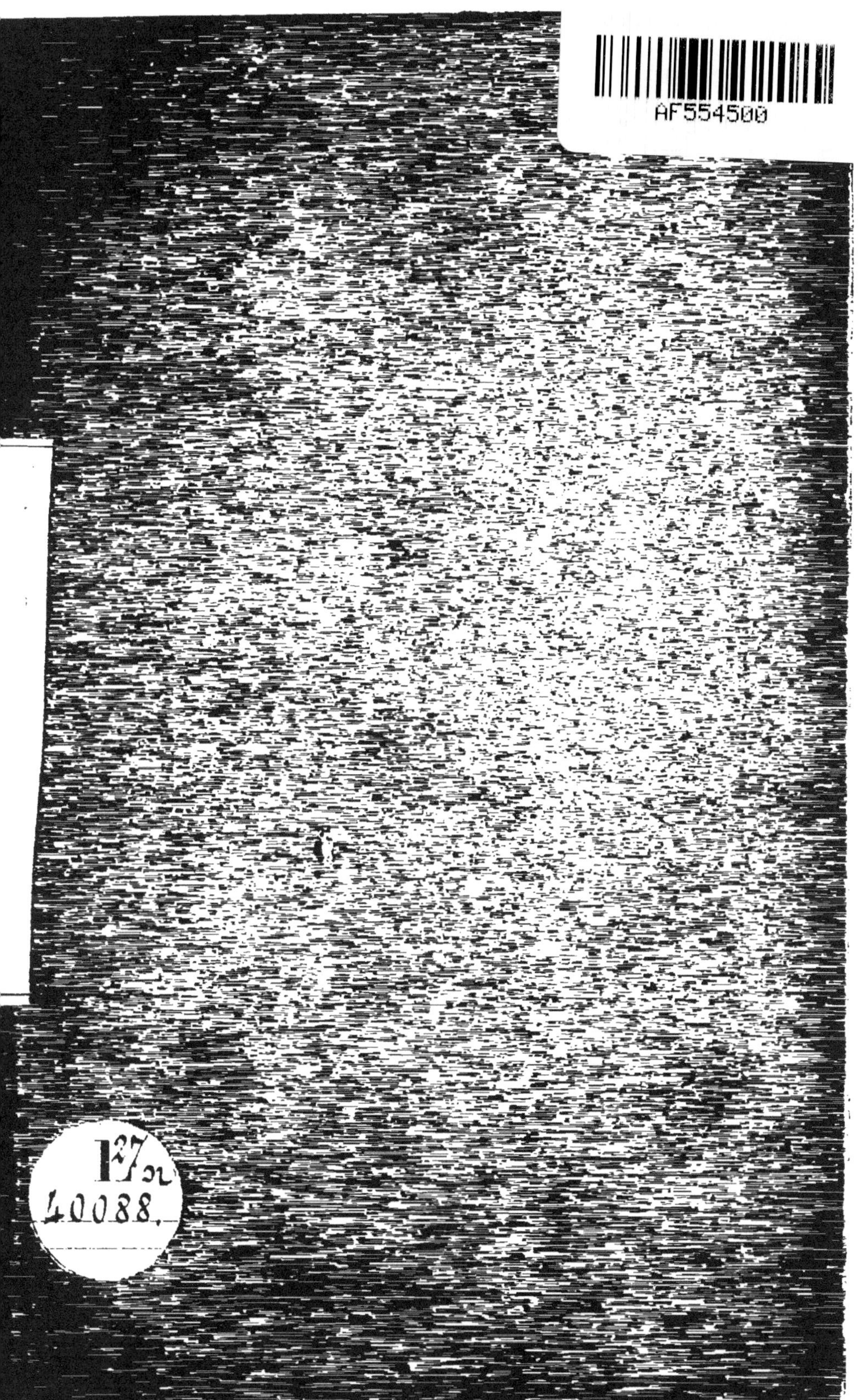
AF554500
L27n
40088.

Prix : 0 fr. 10 centimes

UN

HOMME D'ÉTAT

PARIS
IMPRIMERIE CENTRALE AD. JOUHANNEAUD
29, rue Cadet, 29

1891

UN

HOMME D'ÉTAT

PARIS
IMPRIMERIE CENTRALE AD. JOUHANNEAUD
29, rue Cadet, 29

1891

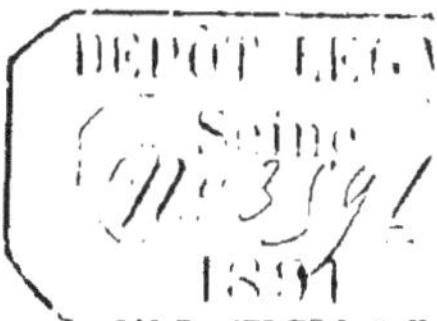

UN HOMME D'ÉTAT

La caractéristique de notre époque est la médiocrité.

Si, d'un côté, les progrès de l'instruction ont élevé sensiblement le niveau des connaissances générales, de l'autre, la disparition des fortes croyances de tous genres, a diminué les caractères.

On fuit les responsabilités; on ne vit guère que de compromissions !

Ils sont devenus rares ces esprits enthousiastes qui, pour le triomphe d'une idée, sacrifiaient leur fortune, leur avenir, leurs affections, leur liberté et jusqu'à leur vie.

Combien voit-on de ces hommes énergiques et convaincus qui bataillaient toute leur vie, sans autre souci que de faire accepter ce qu'ils croyaient être la vérité?

Quand, par hazard, surgit un de ces hommes, il n'y a pas d'obstacles qu'on n'accumule pour l'empêcher de remuer la somnolence dans laquelle végète la masse des peureux ou des indifférents, pas de calomnies et d'outrages dont on ne l'abreuve.

En politique, surtout, une sorte de fatigue morale semble peser sur ceux qui ont part aux affaires publiques et quant à ceux qui sont à la tête de la nation, s'il en est parmi eux qui possèdent quelques unes des qualités qui font les hommes de gouvernement, ils se heurtent, malheureusement, à chaque instant, à l'indifférence ou au mauvais vouloir des médiocres qui, par leur simple force d'inertie, paralysent les meilleurs vouloirs, les plus grandes énergies.

Que de réformes laissées en suspens, que de projets dont la réalisation est arrêtée par cette crainte de la nouveauté, par cette stupide frayeur du « qu'en-dira-t-on », propres aux âmes pusillanimes.

Et, cependant, s'il fut jamais des époques dans la vie de notre nation où la volonté, l'audace et l'énergie ont été les vertus les plus indispensables, l'instant présent peut leur être comparé. Après des secousses terribles, après des déceptions nombreuses, après des souffrances morales et matérielles dont nous nous ressentons encore, l'esprit public balloté entre la crainte des aventures et l'instinct de la nécessité de la marche en avant, cherche un guide sûr qui lui montre résolûment le chemin, entraînant à sa suite les hésitants et les conduisant au but désiré.

De redoutables problèmes s'imposent, chaque jour, de plus en plus aux méditations et aux recherches des gouvernants.

L'amélioration continue du sort des travailleurs, est un de ceux dont la solution doit, avant tout, préoccuper un gouvernement républicain, seul capable d'ailleurs de résoudre pacifiquement et dans la mesure du possible la question sociale.

Mais pour cela, il faut que la République fasse appel à toutes les bonnes volontés, de quelque côté qu'elles viennent, et que la solution des problèmes sociaux soit cherchée dans l'intérêt de toutes les classes de la société et non, exclusivement, au profit d'une seule.

Il faut marcher en avant pour le bien commun de tous les Français. Il ne faut pas qu'une partie de la nation soit menée à l'assaut des intérêts de l'autre partie.

Certes, dans cette lutte contre les exigences de la vie, bien des sacrifices devront être consentis, certains privilèges devront être abandonnés, mais il faut bien se garder, sur les ruines de quelques abus, d'en élever de plus grands encore.

Pour cette tâche de conciliation patriotique et humanitaire, il serait nécessaire d'avoir pour guide un homme aux vues larges, ayant la vigueur morale indispensable aux conducteurs de peuples, un homme capable d'arriver à condenser toutes les forces du pays.

Il faut un *homme d'État* dans la véritable et énergique acception du mot.

Parmi les personnages politiques actuellement en vue, nul mieux que M. Jules Ferry ne parait réunir les qualités indispensables à celui que la nation attend pour résoudre les questions difficiles de l'heure actuelle.

Peu d'hommes ont été plus calomniés que M. J. Ferry, en butte depuis de longues années à la rancune ou à la crainte des partis extrêmes; mais, par contre, peu d'hommes ont su, comme lui, « *grandir aux affaires* », ainsi que le disait Gambetta.

Homme de gouvernement, avant tout, M. J. Ferry, a prouvé, lorsqu'il était au pouvoir, qu'il savait, énergiquement faire autant respecter l'ordre que la liberté; et, sans dénier aux représentants du peuple une influence légitime, il n'a jamais admis qu'un gouvernement n'eut pas de volonté propre, et ne mit pas toute son énergie à la faire prévaloir.

Aussi ferme contre les tentatives de réaction, sous quelque forme qu'elles essayassent de se manifester, que contre les idées révolutionnaires et anti-libérales, l'ancien président du conseil, n'a jamais été, comme a essayé de le faire croire une infime minorité, intéressée à dénaturer les faits, un ennemi de la religion.

Les mesures énergiques dont il a courageusement pris la responsabilité n'ont jamais eu d'autre but que d'empêcher les adversaires des institutions républicaines d'empiéter sur les droits de l'Etat ou de les combattre sourdement dans les diverses situations qu'ils occupaient indûment. Tout républicain, tout patriote, doit lui en savoir gré.

Si l'on considère, d'autre part, les services rendus au pays par Jules Ferry, toutes les réformes dont il a pris l'initiative ou qu'il a soutenues de ses votes, on ne peut s'empêcher de reconnaitre que, depuis longues années, peu d'hommes ont plus que lui, bien mérité de la patrie.

Malgré des attaques furibondes et injustifiées, l'ancien président du conseil, n'a pas voulu abandonner l'œuvre commencée dans l'Extrême-Orient, longtemps avant son arrivée aux affaires, et sa patriotique obstination nous a donné l'Empire Indo-Chinois, comptant près de vingt millions d'habitants, et appelé au plus brillant avenir. De même, grâce à lui, la France, par le protectorat de la Tunisie, a affirmé sa situation dans la Méditerranée. Les événement actuels prouvent la prescience patriotique de M. J. Ferry.

C'est à de telles conceptions qu'on reconnait un véritable homme d'Etat.

C'est là du véritable patriotisme!

Nous ne parlerons pas de toutes les réformes auxquelles M. J. Ferry a attaché son nom. Bornons-nous à rappeler que, ne voulant pas exposer nos jeunes soldats aux périls du séjour dans les pays lointains, il a soutenu l'idée de la formation d'une armée coloniale, composée d'éléments aguerris et acclimatés.

Pour les ouvriers des campagnes, il a, de toutes ses forces, poussé à l'organisation du crédit et de l'enseignement agricoles et, partisan du service de trois ans, il a contribué à son adoption par le Parlement.

Toutes les réformes libérales, telles que l'extension de la compétence des juges de paix, l'étude du jury correctionnel, la simplification des divisions administratives, etc., ont trouvé en lui un défenseur éloquent et convaincu.

Si l'on ajoute à cela une patriotique entente des affaires de politique extérieure, un talent d'organisation auquel ses adversaires rendent eux-mêmes justice : une facilité et une éloquence de paroles peu communes; un abord qui permet et encourage la discussion ; un souci constant des intérêts de ses commettants; une dignité de vie inattaquable ; une vigueur physique qui lui a permis de supporter, sans fatigue apparente, les travaux absorbants des divers ministères, qu'il a dirigés avec tant d'éclat, on sera forcé de reconnaitre que rarement autant de qualités se sont trouvées réunies chez un homme d'Etat.

Français de tous les partis.

Français patriotes!

Si vous voulez que la France marche, sans secousses dans la voie du progrès.

Ouvriers, qui désirez voir votre sort amélioré dans des conditions justes et raisonnables.

Paysans, qui demandez le calme afin de pouvoir récolter amplement les fruits de votre dur labeur.

Industriels, qui ne demandez qu'à faire participer vos utiles auxiliaires aux bénéfices du travail commun, et qui voulez aussi être défendus contre les faux socialistes qui ne vivent que de désordre et d'anarchie.

Bourgeois, qui sentez le besoin d'être défendus contre des appétits, négation de toute propriété.

Vous tous qui voulez l'ordre, le travail, la justice, la liberté, qui voulez voir la France forte, prospère et respectée au dehors, rappelez-vous qu'il est un homme qui sera toujours votre plus ferme appui et que cet *homme* c'est M. Jules Ferry!

Paris. — Ad. Jouhanneaud 29, rue Cadet.

PROPAGANDE RÉPUBLICAINE

Cent exemplaires	9 Fr.
Mille exemplaires	80 »
Dix mille exemplaires	700 »

Adresser les demandes, accompagnées du montant de la commande à M. Jouhanneaud, imprimeur, 29, rue Cadet, Paris.

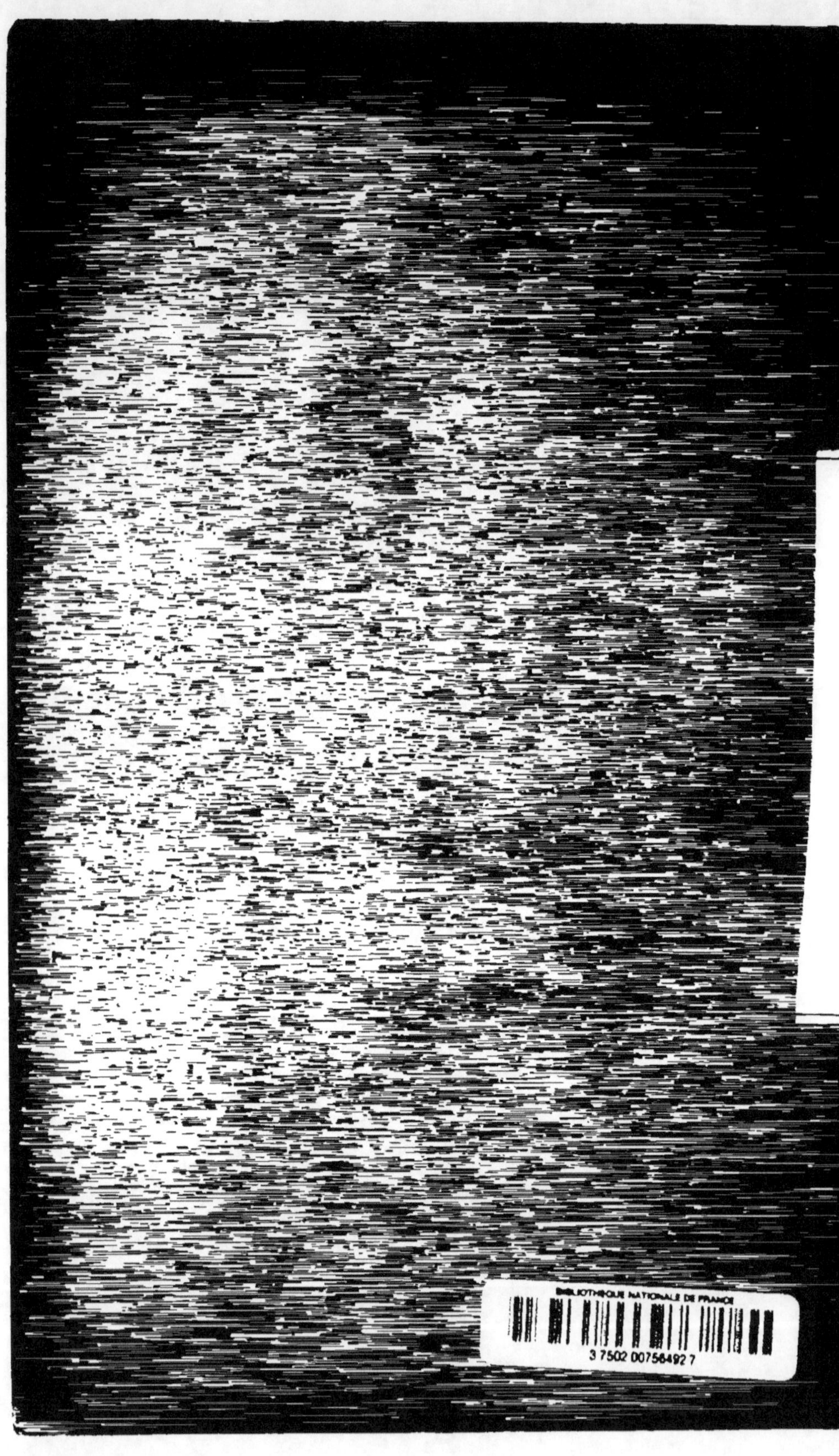
BIBLIOTHEQUE NATIONALE DE FRANCE
3 7502 00756492 7

www.ingramcontent.com/pod-product-compliance
Lightning Source LLC
LaVergne TN
LVHW020520230826
846091LV00008BA/3504

9782013614160